1264.
L. c.

ALPHABETH

RAISONNÉ

A L'USAGE DES ENFANS.

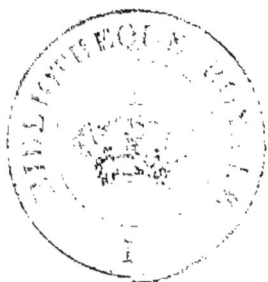

A PARIS,

Chez MORTIER PILLE, Md. Papetier,
Rue de Richelieu, N°. 70.

Et chez DELAUNAY et DENTU, Libraires au Palais-Royal.

1819.

(1-186)

INTRODUCTION.

Amie de l'Enfance, m'étant appliquée à saisir les premières fonctions de son intelligence, j'ai remarqué constamment qu'elle n'était pas susceptible de combinaisons précises (elles ne peuvent être que la suite de l'expérience ou de l'étude) ; mais, que tout était mémoire.

C'est d'après cette observation et dans le but d'utiliser cette faculté que je me suis occupée de la rédaction de cet Abécédaire.

N'est-ce pas, en effet, un des premiers efforts de la mémoire, que la connaissance des lettres ? Car, qui démontrera pourquoi le signe A se prononce d'une manière plutôt que d'une autre ? — C'est une pure convention, qu'il faut que l'Enfant retienne dans sa tête : et pourquoi ne pas l'exercer en même temps à y placer cette lettre dans la Classe qui lui est propre, puis ensuite, les différentes combinaisons régulières de notre langue ? Pourquoi encore n'accoutumerait-on pas l'Enfant, soit par mémoire, soit en causant avec son maître (sans trop prolonger cet exercice), à classer ces différents sons, ces différentes articulations, selon la dénomination qui leur a été donnée, et dont plus tard il sera charmé de connaître le sens et l'application ?

J'ose espérer que si les Parens des Enfans français approuvent et les exercices et les principes primaires contenus dans ce petit Livret, ils seront mieux accueillis encore par les Etrangers, puisqu'il faut faire concevoir plus méthodiquement aux Enfans de ces derniers, les sons auxquels leurs organes ne sont point accoutumés, et leur faire connaître les combinaisons différentes qui doivent les leur représenter.

Si j'ai réussi à aplanir des difficultés à l'Enfance, à la préparer à entrer dans le chemin épineux des études, je serai heureuse et satisfaite, ne m'étant proposé d'autre but.

ALPHABETH.

D. Combien y a-t-il de lettres?

   R. Il y en a vingt-cinq.

   D. *Nommez-les.*

   R.   A a.   B b.   C c.   D d.   E e.
F f.   G g.   H h.   I i.   J j.   K k.
L l.   M m.   N n.   O o.   P p.
Q q.   R r.   S s f.   T t.   U u.   V v.
X x.   Y y.   Z z.

   D. *Comment divise-t-on les lettres ?*

   R. En *voyelles* et en *consonnes.*

   D. *Qu'est-ce qu'une lettre voyelle ?*

   R. C'est une lettre qui a un son *unique*, qui ne

peut appartenir qu'à elle, qui lui est propre. Ce *son* est une émission de la voix, sans aucune articulation de la langue, mais en ouvrant ou fermant la bouche, plus ou moins.

D. *Quelles sont les lettres voyelles ?*

R. Elles sont au nombre de cinq. Les voici :

a. e. i. o. u.

D. *Qu'est-ce qu'une lettre consonne ?*

R. C'est une lettre qui se prononce par un mouvement de la langue contre les dents ou le palais ; ce qui produit une articulation qui ne saurait être entendue qu'en y ajoutant le son d'une lettre voyelle.

☞ Le Maître doit rendre sensible à l'Enfant ce que c'est que l'émission d'un son de voix ; ce que c'est que l'articulation, ce qu'elle devient en y ajoutant le son d'une lettre voyelle. Il faut aussi ajouter aux lettres consonnes le son de l'*e* muet, et les lui faire prononcer comme il va être indiqué ci-après.

D. *Combien y a-t-il de lettres consonnes ?*

R. Il y en a dix-neuf. Les voici telles qu'elles doivent être prononcées :

Bb. Cc. Dd. Ff. Gg.

Prononcez : be   ce   de   fe   ge

Hh. Jj. Kk. Ll.

Prononcez : he   je   ke   le

Mm. Nn. Pp. Qq.

Prononcez : me   ne   pe   que

Rr. Ssſ. Tt. Vv.

Prononcez : re   se   te   ve

Xx. Zz.

Prononcez : gze   ze.

D. Pourquoi l'y grec ne se trouve-t-il ni avec les lettres voyelles, ni avec les lettres consonnes?

R. C'est que cette lettre n'appartient ni à l'une ni à l'autre espèce. Seule, elle est un mot, qui se prononce comme un *i* simple avant un mot commençant par une consonne, et comme deux *i*, quand le mot qui la suit commence par une voyelle ; dans le milieu d'un mot, elle s'emploie toujours pour deux *i*.

D. *Combien y a-t-il d'accens ?*

R. Il y en a trois.

D. *Quels sont-ils ?*

R. L'accent (′) aigu , l'accent (`) grave , l'accent (^) circonflexe.

D. *Où place-t-on ces accens ?*

R. Sur toutes les voyelles , mais particulièrement sur les *e* à qui ils donnent un différent son.

D. *Combien y a-t-il donc de sons d'e ?*

R. Il y en a cinq, qui dès-lors prennent des noms particuliers ; ce sont :

e   demi-muet , dans le milieu des mots.

é   fermé.

è   ouvert bref.

ê   ouvert long.

e   muet à la fin du mot.

et final , e sans accent dans le milieu d'un
            mot suivi de deux consonnes , se

prononce toujours comme l'*è* ouvert bref.

er final, **ez** final, ont toujours le son de l'*é* fermé.

D. *Qu'est-ce qu'épeler ?*

R. C'est joindre plusieurs lettres pour les prononcer ensemble, ce qui s'appelle syllabes, qui, seules ou plusieurs, forment des mots, et ces mots des discours.

D. *Commencez à épeler deux lettres ensemble.*

R. ba be bé bè bê bi bo bu

ça ce cé cè cê ci ço çu

ca   co cu

da de dé dè dê di do du

fa	fe	fé	fè	fê	fi	fo	fu
gea	ge	gé	gè	gê	gi	geo	geu
ga						go	gu
gua	gue	gué	guè	guê	gui	guo	guu
ha	he	hé	hè	hê	hi	ho	hu
ja	je	jé	jè	jè	ji	jo	ju
ka	ke	ké	kè	kê	ki	ko	ku

la	le	lé	lè	lê	li	lo	lu
ma	me	mé	mè	mê	mi	mo	mu
na	ne	né	nè	nê	ni	no	nu
pa	pe	pé	pè	pê	pi	po	pu
qua	que	qué	què	quê	qui	quo	quu
ra	re	ré	rè	rê	ri	ro	ru
sa	se	sé	sè	sê	si	so	su
ta	te	té	tè	tê	ti	to	tu
va	ve	vé	vè	vê	vi	vo	vu
xa	xe	xé	xè	xê	xi	xo	xu
za	ze	zé	zè	zê	zi	zo	zu
gua	gue	gué	guè	guê	gui	guo	guu

Et mettant les voyelles avant les consonnes,

ab	éb	èb	êb	eb	ib	ob	ub
ac	éc	èc	êc	ec	ic	oc	uc
ad	éd	èd	êd	ed	id	od	ud
af	éf	èf	êf	ef	if	of	uf
ag	ég	èg	êg	eg	ig	og	ug
ah	éh	èh	êh	eh	ih	oh	uh
ak	ék	èk	êk	ek	ik	ok	uk
al	él	èl	êl	el	il	ol	ul
am	ém	èm	êm	em	im	om	um
an	én	èn	ên	en	in	on	un

ap	ép	èp	êp	ep	ip	op	up
aq	éq	èq	êq	eq	iq	oq	uq
ar	ér	èr	êr	er	ir	or	ur
as	és	ès	ês	es	is	os	us
at	ét	èt	êt	et	it	ot	ut
av	év	èv	êv	ev	iv	ov	uv
ax	éx	èx	êx	ex	ix	ox	ux
az	éz	èz	êz	ez	iz	oz	uz

D. *Epelez encore plusieurs lettres ensembles.*

R. Avant tout, il faut observer encore qu'il y a des consonnes qui forment le commencement des mots ou syllabes et ne se séparent jamais ; ce sont les consonnes suivantes :

bl chr ch cl cr dr fl fr

gl gn pl pr ph tl tr vr

D. *Joignez-les à des consonnes.*

R. bla blé blè blê ble bli blo blu
bra bré brè brê bre bri bro bru

cla	clé	clè	clê	cle	cli	clo	clu
cha	ché	chè	chê	che	chi	cho	chu
cra	cré	crè	crê	cre	cri	cro	cru
dra	dré	drè	drê	dre	dri	dro	dru

gla	glé	glè	glê	gle	gli	glo	glu
gna	gné	gnè	gnê	gne	gni	gno	gnu
gra	gré	grè	grê	gre	gri	gro	gru
pha	phé	phè	phê	phe	phi	pho	phu
pla	plé	plè	plè	ple	pli	plo	plu
pra	pré	prè	prê	pre	pri	pro	pru
tra	tré	trè	trê	tre	tri	tro	tru
vra	vré	vrè	vrê	vre	vri	vro	vru

D. *N'y a-t-il que les lettres voyelles ?*

R. Il y a encore les voyelles composées qui se divisent en voyelles composées ouvertes et en voyelles composées nasales.

D. *Quelles sont les voyelles composées ouvertes ?*

R. Ce sont celles qui suivent :

ao ea ai œ eai ei aie au eau

Prononcez :

   o   a   é   é   è   è   è   o   o

eu œu ou

montrez à prononcer celles-ci.

D. *Epelez avec des consonnes.*

bai	bœ	bei	baei	bau	beau	beu	bœu
cai	cœ	cei	caie	cau	ceau	ceu	cœu
dai	dœ	dei	daie	dau	deau	deu	dœu

fai	fœ	fei	faie	fau	feau	feu	fœu
gai	gœ	gei	gaie	gau	geau	geu	gœu
hai	hœ	hei	haie	hau	heau	heu	hœu
jai	jœ	jei	jaie	jau	jeau	jeu	jœu
lai	lœ	lei	laie	lau	leau	leu	lœu
mai	mœ	mei	maie	mau	meau	meu	mœu
nai	nœ	nei	naie	nau	neau	neu	nœu
pai	pœ	pei	paie	pau	peau	peu	pœu
quai	quœ	quei	quaie	quau		queu	
rai	rœ	rei	raie	rau	reau	reu	rœu
sai	sœ	sei	saie	sau	seau	seu	sœu
tai	tœ	tei	taie	tau	teau	teu	tœu
vai	vœ	vei	vaie	vau	veau	veu	vœu
xai	xœ	xei	xaie	xau	xeau	xeu	xœu
zai	zœ	zai	zaie	zau	zeau	zeu	zœu

bou cou clou fou gou hou jou mou nou pou
quou rou sou tou vou xou zou.

D. *Quelles sont les voyelles nasales ?*

R. Ce sont des voyelles auxquelles on ajoute
une *m* avant *p* ou *b*, ou bien une *n* ; ce qui les
fait prononcer du nez. Ce sont :

am , an , ean , em , en ,

im in aim ain ein — om on — um un eun

D. *Joignez-les à des consonnes.*

bam	cam	dam	fam	gam	guem	gnam
ban	can	dan	fan	gan	guan	gnan
bean	cean	dean	fean	gean	guean	gnean
bem	cem	dem	fem	gem	guem	gnem
ben	cen	den	fen	gen	guen	gnen
ham	jam	lam	mam	nam	pam	quam
han	jan	lan	man	nan	pau	quan
	jean					
hem	jem	lem	mem	nem	pem	quem
hen	jen	len	men	nen	pen	quen

ram	sam	tam	vam	xam	zam
ran	san	tan	van	xen	zen
rem	sem	tem	vem	xem	zem
ren	sen	ten	ven	xen	zen

bim	cim	dim	fim	gim	guim	gnim
bin	cin	din	fin	gin	guin	gnin
baim	caim	daim	faim	gaim	guaim	gnaim
bain	cain	dain	fain	gain	guain	gnain
bein	cein	dein	fein	gein	guein	gnein

him	jim	lim	mim	nim	pim	quim
hin	jin	lin	min	nin	pin	quin
haim	jaim	laim	maim	naim	paim	quaim
hain	jain	lain	main	nain	pain	quain
hein	jein	lein	mein	nein	pein	quein

rim	sim	tim	vim	xim	zim
rin	sin	tin	vin	xim	zin
raim	saim	taim	vaim	xaim	zaim
rain	sain	tain	vain	xain	zain
rein	sein	tein	vein	xein	zein

bom com dom fom gom guom gnom hom
bon con don fon gon guon gnon hon

jom lom mom nom pom quom rom som tom
jon lon mon non pon quon ron son ton

vom xom zom
von xon zon

bum cum dum fum gum   guum hum
bun cun dun fun gun   guun hun
beun ceun deun feun geun gueun gueun heun

jum lum mum num pum quum rum sum
jun lun mun num pun quun run sun
jeun leun meun neun peun queun reun seun

tum vum xum zum
tun vun xun zun
teun veun xeun zeun

D. *Retournez les voyelles composées, en les mettant toutes avant une consonne.*

aib œb eib aub eaub eub œub oub
aic œc eic auc eauc euc œuc ouc

aid	œd	eid	aud	eaud	eud	œud	oud
aif	œf	eif	auf	eauf	euf	œuf	ouf
aig	œg	eig	aug	eaug	eug	œug	oug
aih	œh	eih	auh	eauh	euh	œuh	ouh
ail	œl	eil	aul	eaul	eul	œul	oul
aim	œm	eim	aum	eaum	eum	œum	oum
ain	œn	ein	aun	eaun	eun	œun	oun
aip	œp	eip	aup	eaup	eup	œup	oup
aiq	œq	eiq	auq	eauq	euq	œuq	ouq
air	œr	eir	aur	eaur	eur	œur	our
ais	œs	eis	aus	eaus	eus	œus	ous
ait	œt	eit	aut	eaut	eut	œut	out
aiv	œv	eiv	auv	eauv	euv	œuv	ouv
aix	œx	eix	aux	eaux	eux	œux	oux
aiz	œz	eiz	auz	eauz	euz	œuz	ouz

Mots d'une syllabe.

☞ Les lettres *d g s t x* à la fin des mots, ne se prononcent que quand le mot qui les suit commence par une voyelle, mais ne se prononcent pas quand on ne fait qu'épeler.

Bas, cas, dé, fan, gand, gaz, jeu, long, mou, nain, pou, roux, sot, taon, van, main, faim, ceint, eau, œil, rat, phaon, paon, rond, drap, mer, ver, queue, jeun, sein, tort, sel, œuf.

D. *Sont-ce là toutes les compositions principales pour épeler ?*

R. Non, il y a encore une composition appelée diphtongue.

D. *Qu'est-ce qu'une diphtongue ?*

R. C'est une réunion de plusieurs voyelles réunies, formant deux sons bien distincts, mais prononcés par une seule émission de voix et jamais séparés, ni par la prononciation, ni en épelant.

D. *Montrez-les-moi et prononcez-les.*

R. Ia, ie, io, iau, ieu, iou, ian, ien, ion, œ, oi, eoi, oin, ouin, oua, oue, oui, ue, ui, uin.

☙ Lorsque la lettre *l* est précédée d'un *i* qui suit une voyelle, elle a un son particulier ; mais il faut que les lettres jointes à *l* ne fassent qu'une syllabe. Alors elle s'appelle *l* mouillé :

ail eil ouil œuil.

Exemples pour épeler les diphtongues et l'l mouillé :

Fiacre, miel, fiole, miauler, Dieu, vieux, chiourme, criant, bien, lion, moëlle, moi,

bour-geois , loin , ba-bouin , rouage , en-foui ;
écuel-le , lui , juin.

Ail , dé-tail , so-leil , som-meil , deuil , fil-le ,
tail-le , feuil-le.

IMPRIMERIE PORTHMANN, RUE S^te.-ANNE, N°. 43.

www.ingramcontent.com/pod-product-compliance
Lightning Source LLC
Chambersburg PA
CBHW061813040426
42447CB00011B/2629